AF339512

LA
GUERRE GÉNÉRALE

DEVANT L'OPINION

Imprimerie L. TOINON et Cᵉ, Saint-Germain.

LA
GUERRE GÉNÉRALE

DEVANT L'OPINION

PAR

LE M^{IS} DE LA ROCHEJAQUELEIN

SÉNATEUR

PARIS

E. DENTU, LIBRAIRE ÉDITEUR

PALAIS-ROYAL, 17 ET 19, GALERIE D'ORLÉANS

JUIN 1866

LA

GUERRE GÉNÉRALE

DEVANT L'OPINION

Le Congrès, la Conférence, quel que soit le nom que l'on donne à la réunion des représentants des grandes puissances qui doivent se rassembler, dit-on, à Paris pour empêcher la guerre universelle, cet aréopage tiendra entre ses mains le sort de l'Europe : de ses décisions peut sortir un embrasement général, ou un apaisement universel qui est bien le vœu de presque tous les peuples, et assurément l'aspiration de tous les hommes sensés de toutes les nations.

La question peut être posée en termes très-simples.

La Prusse et l'Italie, qui veulent la guerre par des raisons ambitieuses dont elles n'avouent qu'une faible partie, peuvent-elles la faire, si la France, la Russie, l'Allemagne et l'Angleterre leur interdisent le droit de faire courir à toutes les nations leurs aventures ? — Le bon sens public répondra : Non.

S'il convient à la Prusse et à l'Italie de mettre tout en feu, les grandes nations intéressées à ce que l'incendie ne menace pas de s'étendre chez elles, ont-elles le droit d'imposer *leur veto ?* Assurément, oui, et personne n'y peut contredire. J'ai le droit de demander à la loi écrite, comme à la loi morale, de faire interdire et de réduire à l'impuissance le fou qui met le feu à sa maison et qui me fait courir la chance de brûler la mienne.

Si je ne le fais pas, c'est que moi-même je suis réduit à l'impuissance, ou que je suis d'accord avec mon voisin.

Mais, dit-on, la France pourrait avoir un intérêt à ces contestations; elle reprendrait ses anciennes limites. — C'est possible, et admettons-le. Mais ne pourrait-elle pas, sans guerre, arriver à ce qui fait l'objet, depuis 1815, de ses justes aspirations? Il n'est personne qui en doute, et dans l'état actuel de l'Europe, l'action de la France est tellement puissante, que l'Angleterre, la Russie s'y prêteraient volontiers; que la plupart des souverains de l'Europe croiraient, à juste titre, enlever pour longtemps à la France toute raison de protester dangereusement pour eux contre des traités dont elle sent depuis longtemps le poids; et l'Allemagne, en y réfléchissant, doit comprendre que la France deviendrait l'arbitre le plus sage des conflits européens le jour où elle serait désintéressée. — Il est inutile de se demander si la France, par ses armes portées sur tous les champs de bataille et la conquête de presque toutes les capitales de l'Europe, n'a pas amené ces traités qu'elle déplore et qu'elle n'a subis qu'en frémissant depuis cinquante ans.

Nous avons payé la responsabilité de nos fautes, nous pouvons en convenir; le ressentiment est bien affaibli; nous ne ferions pas volontiers une grande guerre pour augmenter notre territoire de quelques cantons allemands qui, peut-être, ne nous désirent guère; mais le second empire ne s'habitue pas à régner sur une France dont les frontières ne sont pas exactement celles dont avait hérité le premier empire, — c'est naturel. La déclaration datée d'Auxerre est la vérité *que tout le monde doit croire.*

Est-ce donc la portée matérielle de ces traités qui a le plus d'importance et qui laisse vivre des ressentiments si vivaces?— Non, c'est leur portée morale surtout. Mais l'importance territoriale fût-elle plus considérable qu'elle ne l'est en effet par l'atteinte portée par ces traités à la puissance de la France, la question resterait encore la même en présence des faits qui se passent sous nos yeux. Ce qui la rend moins sérieuse pour tous est la modération extrême des réparations que nous voulons avoir, après les désastres de 1814 et 1815 ; *réparations* pour ce qui regarde la France, mais non pour toutes les nations, qui y sont intéressées.

Sous le règne du roi Louis XV, le roi de Prusse Frédéric II, dit le Grand, rendait ainsi hommage à notre pays :

Si j'étais roi de France, je ne permettrais pas qu'il se tirât un seul coup de canon en Europe sans ma permission. Aujourd'hui le roi Frédéric-Guillaume V, roi de Prusse, règne en même temps que Napoléon III, empereur des Français ;

La France a-t-elle dérogé depuis Louis XV ?

Que l'on s'adresse aux hommes des partis les plus extrêmes, il n'en est pas un qui accepte que la question puisse être faite.

Il n'y a pas encore un siècle, il nous semble que nous ayons vu ces temps-là.

Le roi Victor-Emmanuel, par le droit de tradition et de légitime hérédité roi de Piémont, et, par suite de menées révolutionnaires de toute nature, approuvées ou reconnues par presque tous les souverains de l'Europe, aujourd'hui roi d'Italie, sait qu'il doit sa couronne à l'empereur Napoléon III, et qu'il ne peut rien entreprendre sans son consentement.

Il sait que le jour où la France l'abandonnerait sérieusement aux chances de son ambition désordonnée, il perdrait inévitablement et la couronne d'Italie, bien mal assise sur sa tête, et la vieille couronne du Piémont que nos rois, malgré tant de nombreuses trahisons, ont toujours soutenue sur la tête de ses aïeux pour servir de sentinelle avancée à la France contre l'Autriche.

Si donc M. de Bismark, en Prusse, si le roi Victor-Emmanuel et Garibaldi, en Italie, s'unissent pour faire éclater une guerre, qui forcément deviendra universelle, et se terminera par la chute de bien des trônes, n'accuserait-on pas l'empereur Napoléon III de ne l'avoir pas empêchée.

J'ai une trop haute opinion du gouvernement auquel j'appartiens librement et loyalement, pour ne pas protester contre un aveu d'impuissance, qui pourrait être taxé de faiblesse ou de complaisance coupable, tandis que les avis de la France la dégageraient complétement.

L'état de l'Europe est tel, sous le rapport des idées sociales et politiques, que le plus grand malheur qui puisse lui arriver serait de remettre tout en question avec les moyens, les expédients, les alliances révolutionnaires qui se manifestent, par l'absence totale de principes monarchiques, de convenances réciproques entre les représentants des volontés souveraines qui s'insultent même publiquement en se taxant de mensonge, et surtout par la déloyauté que l'on soupçonne de régir la conduite de plus d'un gouvernement dans le maniement des affaires publiques.

Déjà, depuis quelques mois, les pertes et les dépréciations de valeurs, en Europe, s'élèvent à plus de 12 *milliards de francs*. La France, pour sa part, doit y être comprise pour plus de trois milliards, si l'on fait entrer en ligne de compte d'abord les pertes et les dépréciations de nos valeurs intérieures, ensuite les pertes réelles que nous éprouvons sur les emprunts d'État, les grands travaux publics et même les fondations de crédit que nous avons si follement encouragés à l'étranger, en faisant sortir de la France d'immenses capitaux, qui seront perdus pour elle, ou qui serviront contre elle. *Voilà avant la guerre.*

Il faut examiner l'état de l'Europe dans ce moment, pour se rendre bien compte d'une pensée qui prend un développement chaque jour moins contestable, non-seulement dans les masses, si faciles à agiter et à tromper, mais encore dans un très-grand nombre de bons esprits. En voyant les souverains conduire leur politique à leur détriment comme à celui des peuples qu'ils sont appelés à gouverner, on se demande sérieusement si les nations ne deviendront pas, pour leur propre salut, obligées de songer au moyen de se sauver en faisant plus directement leurs affaires elles-mêmes.

Déjà la constitution de la France semble un acheminement vers des idées que l'on appelle démocratiques et progressives :

— Ainsi la *responsabilité personnelle* du souverain est le palladium nouveau d'un gouvernement monarchique.

Le principe est posé, il faut rendre son application possible ; car sans cela la loi est incomplète ou fallacieuse. Je ne connais, pour ma part, d'autre moyen d'en sortir que de la rendre factieuse selon les idées monarchiques, ou de rayer cet article de la constitution. C'est l'affaire du Sénat.

Et en effet :

Quels sont les cas de responsabilité ?

Quels sont les accusateurs ?

Quels sont les juges ?

Quelle est la loi ?

Quelle est la peine ?

Voilà le complément qu'il faut forcément demander, ou sans cela la responsabilité de l'avenir des nations est en dehors d'elles-mêmes ; — elles ont tout à souffrir et ne peuvent que courber la tête sous le joug qu'elles se sont imposé, ou avoir recours à l'arme terrible des révolutions. Je ne veux jamais être l'accusateur ou le juge du souverain qui aura reçu mon serment, et je ne veux pas de révolution.

Et que l'on ne dise pas que, par le vote d'une Chambre des députés, on puisse arrêter le mal, même quand il est déjà en voie d'exécution, et que le vote du budget soit plus fort que l'arbitraire du pouvoir, car M. de Bismark, en Prusse, nous prouve que l'on peut se passer du vote de la Chambre et se moquer d'elle audacieusement, pour prélever les impôts sur une nation qui ne voudrait pas de révolution.

Que l'on n'invoque pas le *suffrage universel* comme la panacée universelle, car en l'admettant aussi vrai, aussi *immaculé* qu'on puisse le désirer, il n'y a que le pouvoir du *souverain* qui puisse lui faire appel; et, en France, dans aucun cas, ni le *Sénat* ni la Chambre des députés ne peuvent le convoquer sans la permission de l'Empereur.

Quel est le souverain qui serait empressé de se faire juger par un pareil tribunal qui devrait être sans appel? — Mais le droit de la force ne serait-il pas alors invoqué? — Qui peut en douter?

Les événements auxquels nous assistons, ceux qui nous menacent, font faire très-haut ces réflexions, toutes d'à-propos :

Il faut une responsabilité évidente aux yeux de tous les peuples et pour chacun d'eux, soit pour mesurer l'étendue des sacrifices qu'ils peuvent avoir à faire, les avantages qu'ils peuvent retirer d'une conflagration générale, les dommages et les ruines qui peuvent s'ensuivre, les raisons sur lesquelles on puisse s'appuyer pour se résoudre à courir de si terribles aventures et mesurer la fin possible de tant de malheurs; et, avant tout, on veut se rendre compte s'il n'y aurait pas un moyen d'éviter les chances si incertaines que les souverains ou leurs ministres vont faire courir à leurs peuples : ne vaut-il pas mieux alors, pour les idées monarchiques, que les ministres couvrent toujours le souverain? — C'est une question que nos pères avaient jugée lorsqu'ils avaient pour doctrine que : *Le roi était couvert par ses ministres dans ses conseils et par ses gentilshommes sur le champ de bataille.* Cette doctrine avait son application, car sous l'ancienne monarchie six ou sept ministres ont payé de leur tête les actes coupables pour lesquels ils avaient été juridiquement condamnés. —

C'est le moment, ou jamais, de rappeler cependant aux

souverains et aux ministres qui les représentent, que, dans ces conjonctures suprêmes, la responsabilité n'a pas de limites. Aussi le parti le plus sage doit-il être de rallier toutes les puissances dans un ordre d'idées qui réponde à la conscience presque universelle des nations dont l'existence même peut être mise en péril.

Examinons rapidement la situation des principales puissances qui peuvent être entraînées dans le conflit européen dont la portée serait toute autre que celle entrevue généralement.

Ce ne sont plus seulement des guerres d'ambition ou d'intérêt qui se terminent par le silence de la poudre et par quelques conquêtes de territoires; ce sont toutes les idées nouvelles plus ou moins vraies, plus ou moins fausses, plus ou moins pratiques, qui vont être en ébullition, ayant des armées pour appuyer des principes; ce ne sera plus seulement le remaniement de *la Carte de l'Europe*, ce sera le bouleversement des formules et des pratiques politiques et sociales du monde civilisé, produites par le temps et par tant d'épreuves, qui seront remplacées par les formules et les pratiques d'un nouveau monde.

Ce mouvement est déjà commencé par les gouvernements monarchiques; ils s'entraînent réciproquement dans une rénovation radicale des principes et des idées, des habitudes et des formes successivement perfectionnées depuis des siècles; les conséquences extrêmes en surgiront brusquement, au grand étonnement de ceux qui auront précipité leur développement.

La France, depuis 1789, a marché à la tête du mouvement; elle a commencé par proclamer certains principes vrais, déjà en partie acceptés et pratiqués avant cette époque, et si universellement acceptés, qu'il nous semble aujourd'hui impossible qu'ils n'aient pas toujours été consacrés.

Mais aussi, à dater de cette époque, il y eut une avalanche d'idées fausses, de principes subversifs qui, en quatre ans, conduisirent la France aux plus grands crimes et aux malheurs les plus effroyables. *L'honneur français*, selon la belle parole de Chateaubriand, *dut se refugier dans les armées.*

Ce n'était pas assez pour les novateurs d'attaquer et de porter les plus funestes atteintes à l'ordre social et politique par les crimes de toute nature et par les spoliations légales les plus indignes! Ce n'était pas assez de détruire une monarchie de neuf siècles, il fallait s'attaquer à Dieu lui-même. —

Pendant un temps ses temples furent renversés ; ses ministres égorgés ; les femmes les plus éhontées étaient dans une presque nudité sur des chars et sur les places publiques, présentées à l'adoration du peuple *sous le nom de déesses de la liberté.*

Un jour vient, où cependant *la Convention décrète l'existence de l'Être suprême ;* elle fit à Dieu cette concession, et en quelques années, l'excès du mal fait rougir la France, humiliée de tant de hontes et d'ignominies qu'elle a suscitées, encouragées, tolérées.

Un général, aussi habile que distingué, aussi heureux que rempli d'ambition, reconstitue la monarchie à son profit.

L'empereur Napoléon Ier était né en 1769 (le 15 août) à Ajaccio, un an après la réunion de la Corse à la France (la république de Gênes l'avait vendue au roi Louis XV le 15 août 1768) ; sa famille, fort ancienne, existait à Florence dès le XIIIme siècle.

Il dut à ses preuves de noblesse, nécessaires alors, d'être admis comme élève à l'École de Brienne. Ses impressions de famille, et ce sont les plus vivaces, les événements qui étaient venus surprendre sa grande jeunesse, ne pouvaient lui laisser que des idées vagues sur la constitution monarchique de la France.

Aussi est-il remarquable qu'il adoptait des principes monarchiques et des idées révolutionnaires tout ce qu'il croyait pouvoir lui servir à constituer sa nouvelle dynastie.

Il était surtout dominé par les idées d'autorité que les saturnales de la Révolution et les horreurs qu'il avait vu commettre avaient développées chez lui bien naturellement et fort heureusement.

Il eut un malheur, celui de faire trop peu de cas des neuf siècles de la monarchie en cherchant à effacer les terribles et néfastes jours de la République ; il voulut que la France ne datât que de lui, et invoquant 89, il s'en disait le seul véritable interprète ; on peut n'être pas de son avis.

Tout, en effet, s'était écroulé, tout avait été renversé ; il avait été acclamé, lui d'origine étrangère si nouvellement française, il avait été acclamé par la France pour la sauver et il avait réussi, et aucun souverain n'a porté aussi haut la gloire de ses armes. Aucun de nos rois n'a jeté plus d'éclat sur la France et sur lui-même que l'empereur Napoléon Ier.

Certes il fit de très-grandes choses ; il n'avait pris la place de personne ; il avait fermé bien des plaies douloureuses ; mais s'il connaissait admirablement le talent de se faire craindre et obéir, il flottait sans cesse entre les principes monarchiques et les idées contradictoires de la Révolution, tant il craignait de paraître entraîné vers les unes ou vers les autres. Il personnifiait la France en lui, bien plus que Louis XIV lui-même, et le fait est, que, par ses victoires, par ses institutions, la France semblait vivre de la vie qu'il lui donnait.

Fut-il à l'abri de torts que l'histoire lui reproche et qui obscurcirent la gloire de son règne? —Assurément, non. Fut-il l'artisan de sa propre ruine par l'idée exagérée de son mérite, de sa fortune fabuleuse et de sa puissance? — C'est incontestable. A-t-il laissé après lui des institutions politiques qui puissent faire vivre une société monarchique? — Il l'a tenté mais toujours avec une pensée tellement personnelle et avec une indécision et des contradictions telles que, pour nous, ses contemporains et, pour l'histoire, il ne sera jamais qu'un maître glorieux à qui la France obéissait, mais qui, faute d'institutions nées viables, ne pouvait pas établir un gouvernement qui survécût à son auteur.

Les événements l'ont prouvé.

Quand après avoir été chercher la coalition dans chacune des capitales de l'Europe, après avoir menacé longtemps l'Angleterre de tentatives qu'il ne put exécuter, l'empereur Napoléon Ier tomba sous les armes des nations qu'il avait humiliées, il ne voulut accepter aucune condition de paix qui consacrât ses défaites, et il serait bien injuste de ne pas rendre hommage aux sentiments de patriotisme qui lui firent rejeter jusqu'au dernier jour les sacrifices les plus minimes qui lui furent demandés. L'idée de faire passer la France sous des conditions qui ne lui conservaient pas son prestige victorieux, fut repoussée par lui contre ses intérêts bien évidents, et aucun calcul personnel ne put le décider quand il pouvait apprécier facilement l'étendue des chances malheureuses qui le menaçaient; il tomba, et c'est l'homme qui fut vaincu.

Il restera de lui une éternelle renommée, mais l'histoire impartiale avec ses sévérités, et tout en rendant pleine justice au sentiment si français qui le dominait, dira qu'il n'avait pas laissé de fondations sérieuses à une monarchie durable par des institutions politiques, et cependant c'est sa grande renommée, son prestige toujours vivant qui ont fait 34 ans après sa chute l'élévation de l'héritier de son nom sur les ruines de trois gouvernements successifs dont les principes étaient bien différents de ceux de l'Empire. En 1830, le faux libéralisme, se substituant aux idées vraies et pratiques qui n'avaient pas encore pris leur assise, a remis en question, pour bien des années, l'*accord* indispensable de l'autorité et de la liberté, que l'on cherchait alors et que l'on cherche encore aujourd'hui pour constituer l'*ordre*.

Les idées fausses et subversives se font jour de toute part; propagées, protégées même, elles font un rapide chemin, mais elles ne peuvent éclater sous la pression qui semble les défier, les mesurer et constater leur impuissance d'action, tout en les laissant se manifester. Mais combien de temps cette force de compression pourra-t-elle durer et sous quelle forme se fixeront enfin l'opinion et la conscience politique de la France qui entraîne l'Europe? — On ne peut pas le prévoir.

Le premier empire revit dans son autorité; il revit dans sa gloire heureusement exposée à moins de vicissitudes sous le second empire. Mais celui-ci prend-il les fortes racines que je lui souhaiterais par ses institutions politiques, par la pratique des hommes et des choses nécessaires à sa fondation durable, par la confiance qu'il pourrait inspirer et à la France et à l'Europe? Il est à craindre qu'il soit considéré comme le continuateur peu modifié des idées du premier empire. Il est obéi et il est craint; il est suivi, il n'est pas compris, il semble qu'il ne veuille pas l'être. Les mots mêmes dont il permet que l'on se serve pour lui, servent contre lui.

L'empire *démocratique* effraye; il donne un démenti par ses actes à des paroles et à des actes contraires; il veut être surtout l'hérédité, et la démocratie repousse l'hérédité; il jette à l'étranger comme en France un trouble dans les jugements à porter sur sa politique intérieure et extérieure qui ne satisfait ni les prudents ni les téméraires, et en définitive, le programme de l'empire semble se continuer en faveur des idées et des entreprises qui doivent changer la face du monde.

C'est ce mouvement perpétuel, trop souvent incompréhensible, qui inquiète tout le monde et ne satisfait en apparence que ceux qui, par état ou par intérêt, prétendent qu'il faut tout innover et le proclament très haut. La France et l'Europe s'en effrayent, on n'en peut douter.

Si je me suis étendu sur ce sujet, c'est que je vois le mal de la situation prendre son germe dans les souvenirs du premier empire, j'aperçois un grand danger à le voir se développer. Je fais les vœux les plus sincères pour que le gouvernement actuel dure longtemps et heureusement ; je n'en vois pas d'autre possible ; mais ce n'est pas en laissant mettre tout en question, morale, politique, religion, principes monarchiques, institutions, droit des gens, industrie, commerce, finances, relations d'État, frontières, etc., tout enfin ce qui constitue l'état de la société actuelle, perfectible sans doute, mais avec mesure et prudence ; — elle a déjà été si longtemps à se faire telle qu'elle est ! Rien, dans les idées nouvelles, n'est à l'abri de ce que, sous le nom de progrès, on atteint tous les jours, comme si le mouvement perpétuel le plus mystérieux était un programme à suivre, sans se rendre compte que rien d'incessamment mobile ne peut être durable ni constituer une monarchie ou même toute autre forme de gouvernement.

Quelle différence de situation si la France cherchait à se constituer une monarchie héréditaire avec ses principes, dans laquelle chacun serait heureux de trouver les garanties d'ordre, d'autorité et de perpétuité, s'imposant par le respect accordé à la nation dans tout ce qui la touche si intimement ! Si la France savait ce que veut son gouvernement, si les aspirations étaient les mêmes et le but commun, par des efforts communs, la confiance serait partout ; il n'y aurait plus cette cause perpétuelle d'entraînements étrangers, si redoutée, et notre grande nation, heureuse, tranquille et fière dans sa puissance, ne chercherait, à l'intérieur, qu'à consolider, perpétuer et améliorer ses institutions monarchiques ; à développer les ressources morales, intellectuelles et de bien-être, dont nous possédons, parmi tous les peuples, les mines les plus fécondes et inépuisables.

§ I

Je me rappelle, qu'il y a deux ou trois ans, j'étais interpellé par un personnage haut placé, bien connu par ses exaltations italiennes : — Comment, me disait-il, vous qui connaissez l'Italie, pouvez-vous croire qu'un pareil peuple puisse jamais oser rien tenter qui soit de nature à inquiéter la France? (Je ne répète pas les épithètes qui accompagnaient ce jugement que je n'approuvais en aucune façon.)

J'étais et je suis de l'avis tout contraire, et je pense que tous les hommes qui ont quelque expérience voient comme moi. Loin de dédaigner cet assemblage d'Italiens et d'Allobroges que l'on veut unir sous le nom de l'Italie, sous la même couronne, qui finirait bientôt par une république redoutable, je regarde cette combinaison de peuples réunis entre eux, comme la menace qui doit le plus préoccuper l'Europe et particulièrement la France. Et, en effet, un grand nombre sont remarquables par leur intelligence, un grand nombre par leur bravoure, et pour presque tous, le succès justifie les moyens. Ils ont cette vieille maxime qu'ils mettent en pratique tous les jours, depuis surtout qu'on leur a donné une si large part dans les affaires européennes. :

Dolus an virtus quis in hoste requirat ?

« Qui donc se préoccupe de crime ou de courage quand il » s'agit d'un ennemi? »

C'est le secret de ces escouades d'assassins parmi lesquels un Orsini a pu se trouver !!! Rien est-il plus affreux !

Ces odieuses tentatives, heureusement jusqu'ici, ont été déjouées par des vues providentielles auxquelles nous devons des actions de grâces ; mais quelle matière à réflexions et avec quelle amertume ne devons-nous pas songer sans cesse que c'est par de pareils moyens que les Italiens cherchent à assurer leurs projets ! — J'ai connu plusieurs préfets de police pleins

de dévouement, de zèle et d'intelligence ; leur unique préoccupa-
tion était de déjouer les assassins italiens, et ceux qui, comme
moi, ont connu intimement M. Piétry, savent que ces inquiétudes incessantes avaient usé sa vie ; et, certes, ce n'était
ni le dévouement le plus absolu, ni l'énergie, ni l'intelligence qui faisaient défaut à cet administrateur dont l'habileté,
moitié italienne, moitié française, se prêtait facilement à des
compromis politiques pour mieux faire son devoir en galant
homme ; mais il savait à qui il avait affaire.

Que des affidés croient surprendre une sympathie, ils veulent
disposer de vous à leur gré.

La situation actuelle, si menaçante pour toute l'Europe, est
l'œuvre la plus habile que les Italiens aient pu tenter ; ils ont
trouvé un ministre du plus monarchique des souverains, et
ils ont entraîné avec eux jusqu'au bord du précipice le roi
et son ministre, dans un mouvement qui menace tous les
trônes.

L'opinion que j'ai des Italiens prouve bien que je suis loin de
compter sur leur faiblesse ; je leur reconnais même un enthousiasme qui peut les porter aux plus grands sacrifices pour
les plus grandes folies. Leur patriotisme peut être faussé et
exalté au plus haut degré, il faut compter avec un tel peuple.

Si j'ai dit le bien et le mal que j'en pense, je dois cependant
compléter mon jugement et reconnaître une force que beaucoup
de gens contestent aux Italiens.

Ils ne sont pas minés sérieusement par les idées prétendues
socialistes et les haines de classes qui chez certains peuples ont
été et sont encore si fatales.

Les classes dites inférieures, les classes dites moyennes et les
classes supérieures, le pauvre contre le riche, toutes ces causes
de faiblesses, de troubles et de douleurs, chez les peuples qui sont
atteints d'un mal aussi fâcheux, n'existent pas, heureusement
pour elle, en Italie jusqu'à ce jour. Le programme de Mazzini
n'est suivi que jusqu'à la partie anti-sociale ; seulement Garibaldi et les siens ont déclaré une haine profonde à la papauté
et au catholicisme. C'est un acheminement vers les idées subversives de la société chrétienne civilisée qu'ils veulent remplacer
par la négation ou le chaos.

En Italie, ce n'est donc pas la lutte sociale, mais c'est une
lutte toute politique, sans distinction de classes. Que les Italiens

soient en bonnets rouges avec l'aspiration, non encore proclamée, de la république, ou qu'ils frémissent d'être devenus sujets
du roi de Piémont, l'entraînement vers l'ambition de redevenir
la première nation de l'Europe leur fait tourner la tête et peut
les porter aux extrémités les plus déplorables.

Les grandes ambitions se comprennent et sont dignes d'admi-
ration quand de nobles moyens et de grands sacrifices honorent
et consacrent leurs succès.

Je comprends donc l'exaltation des Italiens, et si je m'indi-
gne, avec tout ce qui est honnête, des détestables moyens em-
ployés pour arriver au point où nous sommes aujourd'hui,
il est impossible de ne pas être frappé du mouvement national
qui entraîne l'Italie vers les grandes aventures qui lui font espé-
rer *de devenir l'empire romain.*

Si les cabinets de l'Europe s'y prêtent et se désintéressent dans
cette question, libre à eux ; je la pose affirmativement, puisque
les Italiens ne s'en cachent pas eux-mêmes, je ne hasarde rien,
car je n'ai pas les vertus d'un prophète, en affirmant que les
rois de l'Europe font faire un pas immense à la fédération des
États du continent sous le rêve, depuis si longtemps prévu, de
la République universelle.

Si encore on pouvait avoir l'espérance de trouver un
Washington et des peuples assez sensés pour écouter sa voix !

Ce n'est pas du mépris pour l'Italie, on le voit assez ; ce n'est
pas de la haine, car j'y compte un grand nombre d'amis dans
des camps opposés, mais c'est de la politique française que
j'expose.

Un des mots qui m'ont le plus flatté m'a été dit par l'un des
hommes les plus éminents du gouvernement du roi Victor-
Emmanuel.

Nous discutions, comme les gens du monde devraient toujours le faire, avec sincérité, mais avec la plus entière conve-
nance : — « *Si vous étiez Piémontais,* me dit-il, *vous pense-
riez comme moi ; si j'étais Français, je penserais comme
vous.* »

Si l'entraînement est national, irrésistible, et si la volonté de
différents peuples décidés à faire une grande nation prépondérante sur terre et sur mer se comprend, s'excuse ou s'admire, à
tel point que l'on défende déjà dans la presse la détermination
présumée des envoyés italiens de se retirer de la conférence ; si

la question vénitienne n'était pas résolue immédiatement en leur faveur, il est instructif de se rendre compte des prétentions réelles de l'Italie et pour le succès desquelles elle ne cessera de lutter, soit par les armes, soit par les intrigues, soit par les conspirations. Elle peut être vaincue dans la lutte, mais il faut qu'elle le soit définitivement, ou sans cela elle tiendra toujours la paix du monde entre ses mains.

Ce ne sont ni des conventions ni des traités écrits qui pourront arrêter les Italiens; s'ils ne les désavouent pas, ils auront toujours en réserve des interprétations qu'ils sauront d'avance habilement ménager. — Il faut qu'ils soient réduits à l'impuissance ou qu'ils triomphent! et de quelque côté qu'ils se sentent protégés ouvertément ou d'une façon cachée, ils arriveront à ne plus croire au succès de leurs vastes desseins, que s'ils se sentent absolument isolés.

Voici donc la carte définitive de l'empire romain ressuscité telle que la rêvent les *directeurs* du mouvement.

Les peuples que cette nomenclature peut toucher soit par leurs regrets, soit par leurs espérances, connaîtront au moins le sort qui leur est réservé.

Le royaume du Piémont devient une province;

Le Milanais, une partie du Tessin et du Tyrol, une province;

La Vénétie et Venise, une province;

Les côtes adriatiques, depuis Venise, Trieste, Fiume, Raguse, jusqu'aux bouches du Cataro, une province;

Les duchés de Lucques, de Modène, une province;

La Toscane, une province;

Le royaume de Naples, une province;

La Sicile, une province;

Les États Romains, une province;

La Sardaigne, une province.

ROME, LA CAPITALE.

Dans un instant je donnerai plus de développement aux résultats politiques européens de ce nouveau peuple qui n'aurait pas moins de trente-cinq millions d'habitants.

Mais jusqu'au jour prochain de la reconnaissance, par les puissances, de ce nouvel empire dont il est possible que nous voyions l'établissement, il faut convenir que la misère, la ruine, les vols publics, les armées trop nombreuses, les aventures, la banqueroute peut-être en Italie, peuvent remplir la mission des souverains de l'Europe et venir au secours de leurs couronnes si menacées.

Enfin les anciennes nations devenues des provinces, leur enthousiasme devenant moins vivace, ne se réveilleront-elles pas en comparant leur passé au présent, les biens dont elles jouissaient avec ceux qui leur avaient été promis, et, malgré bien des abus qu'il serait absurde de contester, se souvenant de leur prospérité, de leurs libertés même, n'auraient-elles pas des comparaisons tellement désespérantes à faire, qu'une fois leur exaltation passée, ces nations ne se réveillassent en maudissant leurs sacrifices et l'oppression à laquelle elles seraient condamnées!

La guerre civile est endémique en Italie; elle pourrait reprendre toutes ses fureurs et toutes ses audaces et les jours de succès ne sont pas toujours durables pour les gouvernements de révolution.

Mais jusqu'ici c'est de l'Italie dans ses rêves que nous parlons; du jour où elle aurait obtenu de la faiblesse de la France et de l'Europe la reconnaissance de sa puissance nouvelle, si formidablement constituée par le nombre de ses armées et de ses flottes, elle voudrait s'imposer partout, et une ligue se formerait bientôt contre elle, dont elle devrait vaincre les efforts ou subir la dure loi d'un nouveau partage, avec toutes les douleurs et les sacrifices imposés par une longue lutte stérile dans ses résultats.

Une réflexion se présente : Les peuples pour appartenir à tel ou tel souverain, de façon à changer jusqu'au nom de leur nationalité et l'éteindre sous une couronne nouvelle, ne se demanderont-ils pas ce qu'ils peuvent faire pour eux-mêmes et si ce que l'on fait contre eux ou sans eux ne pourrait pas se traduire par des formules politiques nouvelles? Dieu seul sait l'avenir.

§ II

La petite république de Saint-Marin, dont la fondation remonte au ve siècle, et placée au milieu des États Romains, annexés aujourd'hui au Piémont, est le seul État indépendant qui n'ait pas été envahi par les faiseurs de l'unité italienne.

En Italie, tous les trônes ont été renversés pour créer un grand royaume au roi de Piémont ;

Le saint Père, à Rome, règne encore provisoirement, après s'être vu arracher successivement les provinces de ses États jusqu'à ce que le jour du sacrifice définitif soit arrivé. A l'abri de nos armes son trône existe encore et Dieu sait les injures, les menaces et les dangers qui entourent la seule monarchie que nous protégeons encore.

Mais une république unique existe en Italie, c'est la république de Saint-Marin ; on n'a pas osé y toucher ; elle a toujours été respectée, et Rome fût-elle enlevée au saint Père et à la catholicité, et, suivant la belle expression de M. Guizot, protestant, Rome fût-elle enlevée au *christianisme lui-même,* la république de Saint-Marin est hors de toute atteinte : — elle n'a que huit mille habitants ; mais elle a pour la protéger son nom !

— Son armée est partout. — Son représentant fait partie du corps diplomatique avec l'ambassadeur du roi d'Italie, dans nos grandes cérémonies publiques ; il y aurait mauvaise grâce à s'en plaindre, on ne peut qu'approuver le respect conservé pour d'antiques institutions d'un peuple respectable à tous égards, mais l'État républicain pourquoi est-il plus respecté par les rois que l'État monarchique ? — Il y a des réflexions inutiles à suggérer : tout le monde fait les siennes, et bien qu'il soit facile de prévoir avec quelle légèreté on pourrait accueillir ce fait, il n'en est pas moins profondément significatif.

Il y a des conduites qui s'imposent et que l'on nomme prudence ; il y a des partis qu'il faut craindre, dont il faut même respecter le nom partout, qu'il faut caresser pour s'en servir, ne pas heurter par la crainte qu'ils inspirent ; c'est se ménager leur indulgence pour le jour où la victoire ne serait pas assurée, même avec leur concours.

Qui sait l'avenir ? peut-être notre petite république de Saint-Marin est-elle destinée à s'annexer la future couronne impériale de l'Italie ; et pourquoi pas ? — le bonheur dont elle jouit depuis sa fondation pourrait en donner la tentation dans un pays qui s'appela si glorieusement et pendant tant de siècles LA RÉPUBLIQUE ROMAINE !

§ III

Rien ne pouvait être imaginé de plus fatal pour la France que l'appui donné à l'ambition italienne.

La situation géographique de l'Italie et de ses îles, le caractère de ses habitants si différents quant aux populations comparées du sud, du centre et du nord, marchant d'accord avec la Gaule cisalpine nullement italienne, c'est-à-dire la Lombardie et le Piémont, font surgir, pour qui connaît ces contrées privilégiées, la pensée toute naturelle qu'il n'est pas possible que de toutes les hautes facultés réunies parmi ces peuples divers, qui tous en ont de remarquables, quoique différentes, il ne ressorte pas un ensemble formidable, menaçant au plus haut degré pour les grandes nations de l'Europe; aussi l'empereur Napoléon Ier s'était-il toujours refusé à faire cette unité dont son esprit pénétrant appréciait pour le présent, et surtout pour l'avenir, des dangers certains de troubles, d'ambitions et d'aventures interminables.

L'unité de l'Italie comme les Italiens l'entendent, mais c'est non-seulement ce qui la constitue aujourd'hui, c'est encore une partie du Tessin et du Tyrol ; c'est le territoire de toute l'ancienne Vénétie; c'est encore toutes les côtes de l'Adriatique, Trieste, Fiume, Raguse, jusqu'aux bouches du Cataro ; c'est, en un mot, non plus une nation de 25 millions d'habitants, mais une nation de 35 millions et douze cents lieues de côtes, y compris celles des îles de la Méditerranée et de l'Adriatique; c'est trois cent mille matelots à prendre sur le littoral ; c'est en un mot la déchéance maritime de la France, militairement et commercialement.

Le percement de l'isthme de Suez ne fera que hâter le moment où se développeront ces résultats.

Tarente, Brindizy, Venise, Trieste, et tant d'autres sur les côtes privilégiées de l'Adriatique, sans compter ceux de la Méditerranée, deviendraient des ports importants sous le rapport commercial et feraient à nos ports du Midi une concurrence fatale, tandis que, sous le rapport militaire, l'Italie, par sa configuration, obligée pour se maintenir d'avoir une marine formidable, forcerait la France à doubler sa force maritime pour faire face à tous les dangers sur l'Océan et sur la Méditerranée ; les deux flottes actuelles de Brest et de Toulon devraient être indépendantes l'une de l'autre et toujours prêtes aux événements sur leur mer respective. Serait-ce possible ? N'est-il pas chimérique de penser que nous puissions doubler nos forces navales pour lutter à forces égales sur chacune des deux mers, avec les deux puissances maritimes les plus fortes de l'Europe ? Ce serait une ruine financière.

N'est-il pas déjà évident que l'Italie actuelle, si incomplète, est déjà la troisième puissance maritime de l'Europe ? Elle aurait bientôt acquis le second rang, sinon le premier, c'est sa condition d'existence ; et que l'on ne dise pas qu'il n'en sera pas ainsi, si nous continuons à nous solidariser ainsi que nous le faisons avec les ambitions de l'Italie, que nous protégeons aujourd'hui, qui sans nous n'existerait plus demain. A la première occasion, elle nous montrera, bien douloureusement pour nous, l'imprévoyance de nos entraînements.

Nous encourageons l'Italie dans ses revendications de toute la Vénétie, qui avait été donnée à l'Autriche par le traité de Campo-Formio, fait et signé par Napoléon 1er, qui ne s'attendait pas à voir protester aujourd'hui contre l'œuvre de sa politique, — depuis le traité de Zürich, elle a pu impunément renverser tous les trônes, insulter, menacer l'Autriche et conspirer publiquement contre elle. Peut-être croirait-on, ou feindrait-on de croire que, la Vénétie obtenue, la paix de l'Europe serait assurée de ce côté ; il n'en serait rien tant que les côtes de l'Adriatique, jusqu'aux bouches du Cataro, appartiendraient à l'Autriche ; et déjà depuis longtemps le travail se fait, il est préparé, pour que l'Autriche devienne absolument ce qu'est le petit royaume de Saxe, qui n'a d'accès sur aucune mer.

Mais ce ne serait pas encore assez : la Bosnie, la Servie, l'Esclavonie devraient laisser à l'Italie des frontières qui lui permissent de ne pas être resserrée d'une manière si gênante entre les chaînes de montagnes qui suivent l'Adriatique et les bords de cette mer ; aussi la carte de son ambition comprend-elle des frontières au nord, depuis le cours de la Drave et du Danube jusqu'à Belgrade et près d'Ostrova, pour, de là, suivre la Morave jusqu'à Vragnia, contre-fort des Balkans, communiquant à peu de distance avec les bouches du Cataro. — C'est là l'avenir modeste de la troisième époque, que rêve la nouvelle Italie. Nous ne sommes qu'à la deuxième époque ; elle se montrerait peut-être moins exigeante pour cette fois, ce ne serait pas long. De cette façon, une nouvelle carte d'Europe serait en partie faite.

La question d'Orient, qui se complique déjà si gravement de l'érection d'un nouveau royaume de Roumanie au profit d'un prince de Hohenzollern de la maison de Prusse, pourrait éclater sous l'influence prépondérante de l'Italie, appuyée par la Prusse. — Et que l'on n'imagine pas que ce soient des rêves chimériques, ou ce serait bien mal connaître la valeur des volontés audacieuses, entreprenantes, aventurières et prêtes à employer tous les moyens, pourvu qu'ils réussissent, qui dirigent les hauts conseils de l'Italie et qui font marcher les populations qui furent autrefois les maîtresses du monde. Il semble que jamais même sans le vouloir on n'ait cherché autant qu'aujourd'hui à les en faire souvenir ! Quant aux ressources matérielles de ce nouveau gouvernement, elles sont considérables. La Révolution est ingénieuse dans ses moyens; elle sait très-bien la manière de battre monnaie, sauf à ne pas payer, et d'ailleurs elle pourra compter sur les immenses ressources que nous pouvons lui offrir, jusqu'à ce que le gouvernement français consente à limiter le crédit de l'Italie qui est déjà une ruine pour la France.

Assurément, tout cela n'arrivera pas sans guerres ; mais nous aurons créé des forces nouvelles, qui, pouvant s'unir contre nous aux forces anciennes, lesquelles font la folie de s'associer à la révolution cosmopolite, formeront un faisceau qu'il nous faudra rompre pour ressaisir l'influence que nous avons encore aujourd'hui en Europe, mais qui déclinerait de jour en jour en n'exerçant pas sur la politique européenne l'action monarchique déterminante que nous devrions avoir au moins sur ceux que nous avons créés et qui ne vivent qu'à l'abri de notre protection ; je me place toujours au point de vue monarchique.

Toute l'Europe sera en feu dans quelques jours ou dans peu d'années, et c'est l'Italie qui sera le boute-feu attaché aux flancs de l'Europe.

La Grèce et la Turquie seront des enjeux destinés peut-être à voir éclater les premiers coups de canon, si l'alliance de

M. de Bismark, du roi Victor-Emmanuel et de Garibaldi est satisfaite provisoirement par le congrès. Est-il permis d'y croire, s'il commence par une déclaration de prétentions si absolues qui sont annoncées comme devant précéder les préliminaires à toute discussion? Mais que l'on soit bien convaincu que les quatre cent cinquante mille hommes de l'armée régulière italienne et les cinquante mille bonnets rouges et carmagnoles de Garibaldi ne seront pas satisfaits des avantages quels qu'ils soient que leurs menaces protégées leur auront peut-être procurés et que la banqueroute autant que l'ambition les forcera bientôt à tenter la dernière aventure.

Quel sera alors le rôle de la France qui s'est laissé entraîner en dehors de la combinaison fédérative proposée d'abord par l'empereur Napoléon III et dont la première pensée pouvait être si facilement améliorée et rendue acceptable? On l'a follement persuadée qu'elle était intéressée au maintien d'une unité italienne qui ne doit lui laisser que les regrets les plus cuisants. Les grands embarras commencent. L'idée d'une fédération est la seule qui puisse peut-être se réaliser. On y reviendra.

§ IV

Quel sera le rôle de la Prusse, si elle est reconnaissante de ce qu'aura fait Garibaldi et les siens pour son ambition ?

Les choses de ce monde s'arrangent parfois d'une si singulière façon que l'on croirait aux combinaisons les plus compliquées et les plus habiles. Le hasard bien souvent les a déterminées. Il y aurait avec les hasards des événements bien des grands hommes *à faire*.

Ainsi la maison de Hohenzollern était considérée comme celle de toutes les maisons royales dont les prétentions étaient les plus monarchiques; c'étaient de grandes et nobles prétentions, qui sont peu acceptées de nos jours, mais qui ont leur côté légendaire que tous les respects du passé expliquent, excusent ou confirment.

Le gouvernement constitutionnel est peu considéré par le gouvernement prussien dans ce qu'il a de plus important, le vote libre de l'impôt payé par la nation.

Des déclarations successives témoignent de l'horreur qu'inspirent les idées quelque peu révolutionnaires au gouvernement prussien, et en cela il avait jusqu'ici montré une prévoyance qui lui valait les attaques honorables de tous les novateurs de notre époque. Mais la reconnaissance du royaume d'Italie, les rapports intimes qu'il entretenait avec le cabinet de Turin, étonnaient les spectateurs attentifs au mouvement européen. L'affaire des duchés est portée au compte d'une ambition nationale qui se comprend, la Prusse veut une marine, elle sait qu'elle ne peut rester grande puissance qu'à cette condition. Mais les complications, les convoitises se manifestent de jour en jour davantage, il lui faut la prépondérance en Allemagne, il faut détruire l'importance de l'Autriche. La Prusse fait appel au *suffrage universel de l'Allemagne,* elle se garde bien de faire appel au suffrage universel pour la nomination de sa propre *Chambre des députés;* elle a besoin de la révolution en Allemagne, elle a besoin de s'allier avec l'Italie révolutionnaire pour faire réussir ses desseins.

Elle semble craindre ses peuples et ne compter que sur son armée.

Qui aurait pu, il y a quelques années, imaginer des soubresauts pareils à ceux de la politique de la Prusse? — Mais elle suit des conseils plus habiles qu'elle ne suppose; ils lui sont suggérés en caressant ses vues ambitieuses. Puisse-t-elle s'en apercevoir quand il est encore temps, son honneur et son existence peuvent en dépendre !

Il y avait en Autriche un prince très-distingué auprès du trône, le prince Maximilien, frère de l'empereur, qui régnait pour ainsi dire, dans la partie adriatique de l'Autriche. Il habitait Miramar, cette merveille de sa création, il exerçait une influence immense sur les contrées qui l'avaient adopté comme il les avait adoptées lui-même.

Son grand cœur dépassait sa fortune. Une couronne au Mexique lui est offerte; en l'acceptant il donnait carrière à la glorieuse ambition de reconstituer un grand empire monarchique dans le Nouveau-Monde. — Mais aussi il débarrassait d'une influence prépondérante ceux qui rêvant une Italie trop puissante et une Autriche affaiblie, pouvaient craindre que sa présence seule fût un obstacle à leurs projets.

On croirait vraiment que le prince Maximilien a été enlevé à l'Autriche par la fatalité, et l'on s'en aperçoit trop tard ; — que sera-ce donc lorsque, après les déclarations du cabinet de Washington, la prétention de fonder l'empire mexicain sera terminée par la tentative infructueuse qui se fait aujourd'hui à force d'hommes et d'argent fournis par la France et par l'Autriche ? Le ridicule, hélas ! attend les héros qui ne gagnent pas les batailles, tandis que la renommée suivra partout et toujours les hommes des glorieux combats ; l'Autriche s'apercevra, à ses dépens, de l'importance qu'il y avait pour elle à ne pas tomber dans une faute qui la privait de l'homme qui lui était si utile pour maintenir sa puissance contre les révolutionnaires italiens.

Quand l'empereur Maximilien et les volontaires autrichiens reviendront en France, ils devront débarquer *au Havre* pour retourner à Vienne, si les événements s'accomplissent aussi vite que voudraient le tenter les partisans de l'Italie devenant l'une des plus grandes puissances de l'Europe.

Dans le même temps en Amérique et en Europe les principes monarchiques seraient attaqués presque immédiatement au Mexique et entamés si gravement en Europe, qu'il n'y aura plus qu'une question de date pour qu'ils soient atteints partout.

Quel sera le rôle de la Hongrie ? — Voudra-t-elle se constituer immédiatement en monarchie indépendante, absorbant l'Autriche ? —Voudra-t-elle se constituer immédiatement en république ? — Voudra-t-elle se souvenir que c'est par elle que l'Autriche s'est maintenue et dira-t-elle encore le : *moriamur pro Rege nostro MariaTheresa?* — La crise anti-monarchique de l'Europe serait alors retardée par une nation qui semble n'être pas destinée à jouer un premier rôle, et qui, placée cependant au milieu des grands conflits italiens d'une part, et roumains de l'autre, d'où dépend probablement la paix de l'Europe, peut devoir à sa position géographique la haute influence à laquelle elle n'avait pas songé.

Mais que gagnerait tôt ou tard l'Italie, si, à l'ombre de notre protection et avec l'aide de la Prusse, elle parvenait momentanément à accomplir ses desseins ?

Certes, on peut affirmer qu'elle rentrerait difficilement dans son état normal et les carmagnoles rouges de Garibaldi, auxquelles serait attribuée particulièrement la victoire, on peut y compter, voudraient, soit avec un roi soliveau pour quelques jours, soit avec la république proclamée une seconde fois à Rome depuis 1848, prendre la direction des affaires en Italie. Le parti Mazzini — en aurait tous les droits.

Mais alors commencerait la question d'Orient, car les nouvelles possessions d'Italie toucheraient aux possessions de la Turquie et de la Grèce.

Les grandes bandes de Duguesclin furent lancées sur l'Espagne, après avoir aidé à nous délivrer des Anglais.

A Dieu ne plaise que je veuille comparer un si grand capitaine au chef d'aventuriers qui semble destiné à porter pour des rois la révolution contre les trônes; mais il y a une certaine similitude entre les situations. Il y a cependant de bien grandes différences, et la première de toutes c'est que Duguesclin, pour sauver la France, dut prendre, par ordre du roi, le commandement de troupes isolées que lui seul pouvait avoir le prestige de discipliner.

Il n'y avait pas alors, comme aujourd'hui en Italie, l'armée du roi et l'armée de Garibaldi, traitant de puissance à puissance.

Si l'Italie lançait ses grandes bandes sur la Turquie, ce serait peut-être le seul moyen de se délivrer de son armée révolutionnaire; mais les conditions seraient tout autres et l'Europe ne pourrait pas voir, sans se lever pour combattre, la plus grande question des temps modernes tomber entre les mains du roi Victor-Emmanuel, de son lieutenant Garibaldi et de ses bandes prêtes à tout faire.

La France serait la première à s'y opposer; ses complaisances pour l'Italie seraient mises à une trop forte épreuve pour accepter la responsabilité de ses nouvelles tentatives.

Ainsi, révolution politique et démocratique certaine en Italie pour couronner le succès des entreprises commencées : renversement de la papauté; tentatives en Turquie et en Grèce. Les cabinets de l'Europe connaissent ce qu'il en a coûté déjà au roi Othon d'avoir même consenti à écouter les propositions des Italiens!! Et enfin, incontestablement, rivalités et luttes politiques et commerciales entre l'Italie et la France, qui éclateraient au premier jour. Voilà le résultat certain de la guerre heureuse pour l'Italie sauvegardée fatalement par le gouvernement impérial.

Que lui arriverait-il bientôt? — Abandonnée et combattue par la France, unie à d'autres puissances, elle succomberait à son tour et toute l'œuvre de la révolution serait détruite par ceux-là même qui l'auraient protégée.

La situation géographique de l'Italie, comme on la veut faire, la rend vulnérable sur trop de points pour qu'elle ne soit pas détruite au premier choc sérieux que ses folies certaines détermineraient contre elle.

Elle serait partagée en trois ou quatre États, comme elle l'était depuis tant de siècles, c'est sa destinée certaine, à moins que, devenant en peu d'années la première puissance maritime de l'Europe, et elle en a les éléments les plus sérieux, elle ne s'impose comme l'ont fait ceux qu'elle a l'ambition de faire revivre et que la face de l'Europe ne change par la faute de ses gouvernements.

Je vais immédiatement au-devant de l'objection qui me serait faite. Vous oubliez, me dirait-on, que par l'Italie nous obtiendrons sûrement les redressements de frontières que l'Empereur a annoncées et que la France désire vivement ! Je me hâte de répéter que l'on peut affirmer hardiment que ni la Prusse ni l'Autriche ne feraient objection à ce redressement en notre faveur. L'Autriche n'y est pas intéressée, elle appuierait même nos justes prétentions, et la Prusse, qui y consent d'avance, moyennant les compensations qu'elle veut en Allemagne et dans les duchés de l'Elbe, se montrerait de facile composition, sans que la guerre soit nécessaire ; elle a tant profité des traités que nous voulons détruire ! La France n'aurait même plus à se mêler des conflits futurs entre la Prusse et l'Autriche ; l'Allemagne seule pour ses territoires intérieurs, la Prusse et la Russie pour leur influence dans la Baltique, par les duchés qui en sont la clé, ont de grands intérêts qui ne sont pas les nôtres. La solution de la question des duchés qui sert de prétexte à la crise actuelle peut être facilement résolue. Elle a coûté assez cher pour que l'on se hâte de réparer par l'équité ce que la violence a fait jusqu'ici.

Que la France abandonne l'Italie à son sort, — elle croit être sûre de la victoire, elle proclame bien haut que nous sommes une gêne pour elle, laissons-la cueillir des lauriers auxquels nous n'avons pas à ajouter les nôtres sur le terrain de ses conflits dans lesquels ses intérêts ne nous touchent en aucune façon.

L'intervention diplomatique de la France entre l'Autriche et l'Italie suffira toujours pour sauvegarder ce qu'il est de nos intérêts et de notre honneur de sauvegarder. Nous n'avons pas besoin de gagner de nouvelles batailles pour l'Italie.

L'Autriche avait une petite flotte dans l'Adriatique; elle n'avait pas d'accès sur la Méditerranée; nous lui laisserions substituer une Italie de bientôt trente-cinq millions d'habitants et une puisssance de premier ordre dans la Méditerranée et dans l'Adriatique

L'Autriche est une puissance défensive. L'Italie sera une puissance agressive, entreprenante et toujours en quête de quelque aventure.

Si elle avait le bon sens de s'entendre avec la papauté, ce que tant de causes rendent impossible, son influence morale serait prépondérante dans le monde.

Si comme tout doit le faire prévoir et le faire craindre, elle chasse le pape de Rome et cherche à renverser la religion catholique en l'Italie, elle se met à la tête du mouvement anarchique qui nous conduira bientôt à la barbarie.

À quoi sert de le dissimuler, — toutes les combinaisons cherchées jusqu'à présent pour pallier les actes de la nouvelle Italie, n'auront pas d'autre résultat que de donner au renversement de la civilisation chrétienne et à sa destruction le temps de se faire successivement, sans trop de bruit et partout à la fois, — mais douter du but et du succès partiel, si on n'y met pas obstacle, serait ne pas voir, serait ne pas entendre, et quand on sait, à n'en pouvoir douter, qu'après Villafranca, une compagnie, ou un escadron envoyé par notre général en chef pour signifier aux Piémontais de ne pas violer les engagements de la France en envahissant les petits duchés et la Toscane, et plus tard Naples et les États Romains, — suffisait pour que la France et l'Europe ne fussent pas aujourd'hui sur un volcan, — on se demande avec douleur comment le maréchal qui commandait alors l'armée française, ne fut pas autorisé à signifier au Piémont le *veto* absolu de la France. — Il est grand temps que le *veto* soit dit par l'Europe aux Italiens-Piémontais.

Au lieu de conduire, nous avons obéi au mouvement; on cherche encore à nous compromettre, et Dieu sait quelles en seraient les suites! Tous les jours nous cherchons à nous expliquer les problèmes nouveaux qui surgissent; nous marchons d'étonnements en étonnements et nous cherchons vainement à comprendre les paroles officielles dites ou écrites dont l'interprétation en France et en Italie est si différente.

Pendant que tout se prépare en Italie avec une habileté consommée et par des conseils élevés à l'école perfectionnée de Machiavel. — Nous laissons faire. — Savons-nous ou ne savons-nous pas, — nous devinons, ce n'est pas assez, mais c'est déjà trop, — nous craignons le *laisser passer*, le *laisser faire !*

Si jamais la politique de l'Europe manquait de loyauté, le monde serait gouverné par la ruse et la fourberie: il y aurait assaut de duplicité entre les gouvernements, les caractères chevaleresques disparaîtraient, le succès serait aux plus coquins et les peuples les plus pervertis deviendraient les plus puissants.

Plusieurs fois déjà, soit à la tribune, soit dans diverses publications, j'ai fait ressortir le danger inévitable de constituer une puissance formidable en se mettant à la remorque des ambitions insatiables de l'Italie. Il y a une réflexion qu'il faut toujours renouveler. Je n'ai aucune sympathie particulière pour l'Autriche et je ne suis jamais revenu d'Italie sans exprimer bien haut mon étonnement que la France fût comptée pour si peu et par l'Autriche et par les divers gouvernements italiens, jusqu'à la guerre de Magenta et de Solférino. — Mais je suis convaincu que le remède a dépassé cette fois le mal. Et en effet l'Autriche était séparée de la France par le Piémont, puissance de troisième ordre, qui était placée comme notre avant-garde au delà des Alpes, et que la France avait toujours protégée et qu'elle avait le grand soin de protéger toujours. Nous n'avions pas à craindre une surprise de l'Autriche et son influence, sans être éloignée, n'était pas au moins juxtaposée avec nos frontières, tandis que nous créons à nos portes une puissance formidable !

Si la question était uniquement entre la Prusse et l'Autriche, elle n'aurait pas un grand danger. Les Allemands sont trop sensés pour que, dans notre temps où chacun réfléchit et apprécie son honneur et son intérêt et l'ambition des cours, une pareille guerre pût être longue. Sur le même champ de bataille, le hasard déciderait de la victoire, mais assurément les vaincus seraient dignes des vainqueurs, — la difficulté n'est donc pas dans le différend prussien et autrichien.

Toute la difficulté, tous les dangers de la situation viennent de l'Italie, et nous France, nons n'avons à nous préoccuper que de ce côté. — Ce sera le plus difficile, car l'Italie nous croit obligée vis-à-vis d'elle, elle croit qu'il y a des engagements secrets qui nous rivent à sa cause.

Elle *veut*. elle attaquera malgré nous, si sa volonté n'est pas satisfaite, elle est convaincue que nous serons bien forcés de la suivre, mais seulement pour la sauver.

La presse française fait la faute impardonnable de le répéter tous les jours. — Le gouvernement de l'Empereur a *cependant déclaré* officiellement qu'elle serait abandonnée aux *risques et périls des aventures qu'elle tenterait malgré les avertissements de la France.*

La France, si elle le veut, peut se faire, en quelques mots, désintéresser dans cette question des traités de 1815, qui est toujours mise en avant dans les moments de crise de l'Europe, mais elle doit tenir encore bien davantage à se dégager des chaînes qui veulent la river à la nouvelle Italie.

Il faut convenir que les nations de l'Europe seraient bien peu avancées en civilisation, si elles souffraient longtemps le jeu dans lequel les cabinets s'accusent réciproquement et souvent trop justement d'employer dans leur politique des cartes biseautées. Les peuples sont l'enjeu ; ne pourraient-ils pas se fatiguer de servir aux fantaisies ou aux ambitions qui les exploitent — et ne pourrait-il pas arriver qu'ils finissent par écrire eux-mêmes un programme de leur politique intérieure et extérieure, en se réservant le droit d'interprétation et d'action qui leur permette de comprendre s'ils sont à eux-mêmes ou s'ils appartiennent à quelques maîtres qui en disposent sans eux, contre leurs intérêts les plus évidents et contre leurs sentiments les plus manifestes !

Ainsi, par exemple : croit-on que les différents peuples de l'Allemagne veuillent faire la guerre pour la Prusse et pour l'Italie? — croit-on que les Prussiens sensés veuillent eux-mêmes faire une guerre civile en Allemagne pour prendre ce qui peut satisfaire l'ambition de la Prusse et donner à des voisins une compensation prise sur l'Allemagne, en échange d'un appui ou d'une neutralité bienveillante? — Assurément, non ; si l'on en excepte la partie militaire, qui ne veut que de la gloire à *tout prix*, sans songer au résultat politique qui pourrait suivre. Le conflit entre la Prusse et l'Autriche n'est pas compris dans ces deux pays, ni chez leurs confédérés, qui, faibles, ne peuvent rien empêcher à moins d'être tous intimement unis ; c'est aux faibles à se montrer les plus forts par leur sagesse et par leur union.

§ V

Il semble que la nouvelle Italie ait des droits tellement posi-
tifs sur la Vénétie, qu'il ne soit pas même permis de les contester, et que l'Autriche doive accepter de bonne grâce, et sans
observation, non-seulement la discussion, mais la décision
prise d'avance d'abandonner les possessions qu'elle occupe depuis les traités de Campo-Formio en 1797 et de 1814. Mais,
en vérité, peut-on demander à une nation de consentir à une
humiliation pareille, lorsque réellement il n'y a aucune cause
pour qu'elle soit introduite, et qu'il n'y a aucun droit à invoquer? — La France, par ses victoires terminées glorieusement
par la paix de Villafranca et le traité de Zurich, peut, moins
qu'une autre, peser sur l'Autriche dans une pareille question.
Si elle était convaincue d'un droit quelconque de l'Italie, qui
depuis quatorze siècles est divisée en différents États et a
appartenu depuis lors à tant de maîtres différents, il fallait,
quand elle avait les armes à la main, achever son œuvre et ne
pas reconnaître les possessions autrichiennes par un traité de
paix qui a permis de nous considérer, depuis cette époque,
comme ayant vidé nos querelles, et comme des nations devenues
amies après le combat. Il y a quelque chose qui se sent et qui
blesse tellement dans les excitations contraires, que véritable-
ment on se demande comment des cœurs français peuvent
approuver une conduite que la probité la plus vulgaire repousse. Comment nous persuader vraiment que la France ait à
venger la chute de l'empire romain ou d'Occident, qui date de
476 après Jésus-Christ, et qu'elle ait mission de refaire une
œuvre détruite il y a quatorze cents ans. Voilà cependant l'histoire! C'est vraiment trop de folie!

En se plaçant au seul point de vue de l'Autriche comme
puissance allemande, peut-elle abandonner les centaines de
millions dépensés par elle dans ses places fortes du quadrilatère et de toute la Vénétie? Quel droit peut faire valoir le roi
Victor-Emmanuel pour lui demander un pareil sacrifice? Peut-
elle ouvrir la porte de ses États, livrés sans défense, aussi bien
que l'Allemagne, aux invasions méridionales qui les menacent?

Il serait insensé, comme il serait honteux, de supposer que l'empereur d'Autriche voulût vendre, pour de l'argent, une partie si importante de ses États. On parle d'offrir à l'Autriche des compensations; il est impossible d'en imaginer d'acceptables, soit de la part de l'Autriche, soit de la part des puissances auxquelles on pourrait les demander. Et il est des gens assez absurdes pour demander la Silésie à la Prusse.

Et cependant la malheureuse Autriche, qui, à part ses torts envers le Danemark, n'a menacé personne, qui ne s'occupe, depuis le traité de Zurich, que de conserver assez timidement ce qu'elle possède encore, qui cherche à produire, dans ses différents États, tous les apaisements que la sagesse peut lui suggérer, soulève déjà les plus violentes colères, parce qu'elle ne consent pas à venir apporter à la conférence les clefs de la Vénétie !

Mais qu'elle ne fasse pas la faute impardonnable de se refuser à défendre ses droits dans une conférence. Cette conduite aurait de la fierté sans doute, mais la justice humaine est ainsi faite, qu'elle serait rendue responsable du mal que l'on veut lui faire. Elle aurait la responsabilité de la guerre, quand tout proteste pour elle. Qu'elle proteste devant les conseils des souverains rassemblés, — c'est son droit, c'est son devoir, et l'opinion universelle mieux éclairée le reconnaîtra et le proclamera bientôt.

Si les exigences qu'on annonce sont réelles, l'Autriche se trouverait dans une crise funeste, et dont elle n'aurait qu'un unique moyen de sortir, si, en effet, elle restait seule pour défendre son honneur et son droit, ce qui n'est pas croyable.

Ce serait de proclamer elle-même l'indépendance de la Vénétie, le rétablissement de la république à Venise, en rasant une partie des forteresses du quadrilatère, sous la garantie de l'Europe, ou même sans cette garantie; alors elle aurait, pour se séparer du nouveau royaume italien, une république amie qui la soutiendrait à l'occasion, et dont elle défendrait la nouvelle constitution.

La république des Doges existait jusqu'à la fin du siècle dernier; elle a vécu longtemps en bonne intelligence avec les empereurs d'Allemagne; il serait assez plaisant qu'elle fût le terrain choisi pour retarder la chute des monarchies, qui cherchent si habilement à se renverser tour à tour. L'Autriche n'aurait-elle pas même le droit de revendiquer le rétablissement de la glorieuse république de Gênes? Je le lui conseillerais.

3

J'aimerais mieux mille fois, si j'étais souverain, chercher à constituer des républiques de mes États ; je préférerais essayer d'en être même le Washington, plutôt que de les abandonner lâchement à mes chers frères, qui par ambition personnelle auraient cherché à révolutionner mes peuples, ou qui, par de détestables calculs, chercheraient à détruire la puissance de mes États.

Le premier souverain qui donnera un pareil exemple se fera le plus grand nom de l'avenir, et les peuples qui suivront ses destinées pourront constituer une Europe nouvelle à l'abri des ambitions et des caprices qui, plus qu'à aucune autre époque, semblent régner dans les conseils monarchiques de l'Europe.

Contre de grandes iniquités il faut des moyens héroïques, et en finir une bonne fois avec les ruines que les peuples supportent tour à tour et dont ils sont fatigués.

Certains districts et quelques places des bords du Rhin pourraient être rendus à la France qui les désire ardemment pour effacer le souvenir des traités, dont nous fûmes bien un peu la cause par nos trop éclatantes victoires promenées dans toute l'Europe pendant trop d'années. Cet abandon se fera, on n'en peut pas douter, mais il n'est pas besoin de millions d'hommes sur des champs de bataille pour arriver à un si mince résultat, qui n'est en réalité qu'une exigence *d'amour-propre national*, très-respectable, et qui, en définitive, ne peut pas avoir d'action réelle sur l'honneur et sur la puissance de l'Allemagne.

La question est des plus simples : elle l'était davantage avant la conférence qui peut enfanter de nouvelles complications ; mais telle qu'elle est encore aujourd'hui, si l'on veut la paix, si surtout la France la veut, elle est faite.

Tout dépend de l'empereur Napoléon III, dont lord Strafford de Redcliffe disait il y a quelques jours au parlement d'Angleterre : « l'on peut considérer le grand homme qui gouverne la France comme l'arbitre des affaires de l'Europe. »

§ VI

La Prusse, après avoir essayé du gouvernement constitutionnel, n'est pas assurée de ses droits ; depuis quelques années, le sort intérieur de sa constitution est incertain, vacillant, et l'on ne peut pas nier que les idées démocratiques y font des progrès très-rapides.

La guerre des duchés a distrait *l'opinion publique* et le *profit à en tirer* continue la dérivation politique du courant des idées qui menacent le gouvernement prussien — du moins il le croit; de là les menaces et les préparatifs de guerre qui se font sur la plus grande échelle.

La Prusse et l'Italie ont, pour s'assurer un succès certain, demandé à la France, qui la leur refuse, son alliance pour leurs projets. La Prusse a fait alliance avec l'Italie pour l'aider à continuer ses attaques sur l'Autriche. Elles espèrent la neutralité bienveillante de la France qui laisserait la Prusse et l'Italie pousser à toute outrance leurs succès, tandis que la France arrêterait l'Autriche si elle triomphait de la ligue prusso-italienne; ce raisonnement est très-facile à comprendre : Mettons-nous trois pour faire nos affaires, la Prusse et l'Italie feront leur œuvre les armes à la main, la France protégera leurs défaites, s'il y a lieu, c'est fort bien; mais si la France intervenait, la guerre deviendrait générale !

En cas de succès, la Prusse se saisirait des territoires qu'elle convoite; l'Italie compléterait l'empire qu'elle rêve, et la France, pour prix de sa protection, obtiendrait le redressement de territoire qu'elle désire depuis 1815. Tout cela est fort bien concerté, c'est la fable mise en histoire, mais 1813 est aussi de l'histoire, et la France ne doit pas oublier comment elle fut abandonnée sur les champs de bataille par ceux sur lesquels elle devait le plus compter.

Le moins qu'il pût lui arriver serait de créer, sans prévision, auprès d'elle deux grandes puissances qui contrebalanceraient son influence dans le monde jusqu'au jour où l'Italie ou la Prusse témoigneraient à la France leur reconnaissance comme l'Autriche l'a fait à la Russie.

Si le gouvernement de l'empereur Napoléon III ne combattait pas une pareille politique, les suites en seraient incalculables et ne pourraient être mesurées avec sang-froid; aussi, malgré bien des excitations coupables, nous ne croirons jamais que l'Empereur puisse commettre une pareille faute et se laisser entraîner sur une pente qui mettrait la France dans de si dangereuses intrigues contre lesquelles le sentiment national protesterait.

Il faut promptement une déclaration de paix ou de guerre. L'une peut être pleine de grandeur et l'autre pleine de dangers.

Il n'y a en France, voulant la guerre, que ceux qui rêvent le renversement du gouvernement, sans s'inquiéter comment ils le remplaceraient. — A l'étranger, — il y a les Italiens de Victor-Emmanuel et de Garibaldi qui veulent la Vénétie, l'Adriatique et Rome. — Ailleurs, ceux qui rêvent d'amoindrir la puissance de la Russie dans la Baltique au profit de la Prusse, qui resterait maîtresse de l'entrée des mers du Nord; — ceux qui voudraient la suprématie de la Prusse en Allemagne, et la rectification de son territoire. — Dans ce tohu-bohu politique, toutes les idées sont possibles; il en est probablement qui voient que ce conflit européen anéantirait le traité de Paris, si défavorable à la Russie, et enfin la question des frontières du Rhin et de l'anéantissement des traités de 1815 exalte bien des imaginations, dont le patriotisme est égaré sur les moyens de succès; c'est l'erreur qu'il faut combattre, et non pas le sentiment qui domine l'erreur.

Demandons-nous quels avantages possibles nous pourrions tirer de la guerre que le roi de Prusse, si monarchique, et le roi de Piémont, si révolutionnaire, pourraient faire à l'Autriche. Demandons-nous quels dommages immenses pourraient être pour nous le résultat d'une guerre européenne qui finirait peut-être contre nous, par l'accord qui pourrait s'établir, en fin de compte, entre nos amis et nos ennemis d'aujourd'hui. Et alors, la main sur la conscience, demandons-nous si nous devons donner notre appui moral aux gouvernements qui déchaîneraient sur l'Europe une guerre générale dans laquelle je vois des rôles pour MM. de Bismark et Garibaldi, des rôles secondaires, assurément peu monarchiques, pour certains souverains de l'Europe, et enfin, probablement, le plus grand rôle pour les Mazzini de plus d'un grand État.

La France doit-elle mettre ses trésors et le sang de ses enfants au service de l'ambition de la Prusse et de l'Italie? Là est la question !

Les raisons pour que le dernier mot appartienne à la faction mazzinienne sont si évidentes, et il y a, de jour en jour, tant de motifs pour que l'absence de principes et des fautes impardonnables y conduisent fatalement, que tous les bons esprits en sont frappés.

Dans les idées anciennes, il y avait une fidélité de race obligatoire envers le souverain, héritier légitime et traditionnel de la couronne. Cet hommage était rendu surtout au principe bien plus qu'à l'homme, qui souvent pouvait ne pas mériter personnellement que l'on fît pour lui jusqu'aux derniers sacrifices. Les idées sont bien changées depuis que l'hérédité traditionnelle a souffert tant d'atteintes et particulièrement en France où elle n'a plus qu'un représentant sans enfants et emporté du trône par la tourmente révolutionnaire de 1830. Alors le plus proche parent du roi s'emparaît de la couronne, et en Espagne, en Portugal, comme en France, le principe d'hérédité n'a pas trouvé d'ennemis plus actifs que les princes les plus près du trône.

Les princes français qui pouvaient faire valoir leurs droits héréditaires ont toujours protesté contre le principe qui pouvait leur assurer des droits, et quand le chef de la grande maison de Bourbon allait, il y a trois ans, rendre une première visite à sa tante, qui fut la *reine Marie-Amélie*, tous les princes, ses cousins, les héritiers du droit ancien, affectèrent de dédaigner par leur absence cette réunion de famille qu'avait recherchée le chef de leur auguste maison, et de rompre définitivement avec le principe qu'ils ne peuvent plus invoquer.

Maintenant le suffrage universel constitue seul le droit de la couronne. — C'est un privilége nouveau substitué honnêtement au *fait des usurpations légitimées* par des hommes *qui se disent* monarchiques. Ce nouveau principe du suffrage universel, suspendu au-dessus du trône, ne laisse pas que d'avoir un très-grand air de parenté avec le gouvernement électif républicain. — Je regrette que notre constitution monarchique ne reconnaisse pas les droits *inamissibles de l'hérédité*. L'abandon de ce principe de solidarité et de perpétuité désintéresse complétement la fidélité héréditaire.

Malgré les douleurs bien mal connues de ma vie politique sur ce point de doctrine, je dois dire que rien n'est plus fâcheux pour l'avenir monarchique que l'abandon du principe le plus vrai et le seul conservateur. Mais je me console en voyant que la race de nos rois disparaît après tant de services et de dévouement dont la France se souviendra toujours et je suis, tout en le déplorant, le mouvement qui m'est donné par le gouvernement lui-même que je sers, en me préoccupant loyalement des devoirs que j'ai acceptés et en laissant mon pays toujours le maître de ses destinées. Les rois de l'Europe semblent être de cet avis, leurs peuples les suivront. L'avenir seul pourra dire ce qu'ils auront tous à y gagner. Pour ma part j'en augure fort mal pour la vie monarchique des nations, mais elles pourront peut-être se constituer une nouvelle vie politique. Les souverains de l'Europe en décideront.

Les caprices ou les ambitions des souverains et des hommes d'État font réfléchir énormément le *suffrage universel*, qui est d'autant plus à la mode parmi les convertis monarchiques qu'il est plus *direct*. Moi, qui suis un de ses plus anciens et de ses plus chauds défenseurs, *pour nous sortir des révolutions, mais pas pour nous y mettre*, et qui voudrais, comme je l'ai toujours voulu, qu'il fût par *degrés et complétement libre*, je craindrais d'éveiller des susceptibilités en en parlant mal à propos. Mais tel qu'il est ou qu'il pourrait être, il a des intérêts de sang et de fortune à défendre. Chaque citoyen sent son mal et son droit; il suppute l'un et l'autre; il cherche l'avantage de la guerre et ne trouve que déceptions et sacrifices en pure perte.

Le suffrage universel est souvent intelligent, — pourquoi le mettre à l'épreuve cruelle que l'on semble vouloir lui faire subir, comme s'il y était insensible? — Il sait que la France ne veut pas être entraînée à la guerre : — c'est au gouvernement de l'empêcher — *il le peut s'il le veut*. C'est la conviction de la France entière qui sent sa force : — que tout ce qui a une voix ou une plume appuie donc énergiquement la volonté de la France.

§ VII

Si la faiblesse dominait la réunion de la conférence, si elle se terminait par une impuissance, les suites seraient des ruines de tout genre accompagnant les guerres ou la vie de millions d'hommes, la fortune et le travail de tous seraient remis aux hasards des batailles et les peuples voient bien que ces conflits

finiraient par se terminer sous le joug de fer d'un conquérant
dominateur de l'Europe que personne n'entrevoit ni ne désire,
ou par un changement universel dans les institutions des nations, ce qui serait moins effrayant, si un grand homme se ren-
contrait pour fonder une confédération d'États libres européens
se formant par leur propre volonté et se gouvernant par eux-
mêmes.

Nous sommes, il ne faut pas nous le dissimuler, sous le
coup des plus grands bouleversements, le moment semble arriver de tenter un remaniement complet de la carte d'Europe ; on
ne le dit pas, mais c'est la pensée vraie des directeurs du mouvement italien, voilà pourquoi les hommes sensés cherchent à
reculer ces grandes aventures. Beaucoup comprennent et
déplorent que leur âge ne leur permette plus de prendre part
à des événements qu'ils redouteraient peut-être moins, s'ils
croyaient pouvoir en aider la direction par leur science, par
leurs lumières et leur expérience ; dans tous les cas, ils appré-
cient justement les grands dangers qui menacent l'Europe et
ils voudraient les conjurer.

Si la guerre éclatait, quel serait le rôle de l'Angleterre ? —
Quel sera le rôle de la Russie ? — Quel serait celui de toutes les
nations petites et grandes qui successivement peuvent être entraînées ? — Quel serait le rôle de tous les souverains de l'Europe, en face de cette avalanche d'aventuriers voulant renouveler les invasions des grands *conquérants* et changer la face
de l'Europe ?

Si toute l'Europe était en feu, *quel serait le rôle dans le
monde de la grande nation américaine, qui occupe une
place si importante dans les méditations des hommes d'État ?*

§ VIII

J'ai dit, en commençant cette brochure, que les inquiétudes
universelles avaient déjà occasionné des pertes réelles ou des
dépréciations de valeurs que l'on peut évaluer sans crainte à
plus de douze milliards *avant la guerre.*

Je dois dire ce que l'Europe va perdre si la guerre générale n'est pas arrêtée :

BILAN DE LA GUERRE GÉNÉRALE COMMENCÉE

France, Autriche, Prusse, Russie, Confédération germanique, Italie, chacune 500 mille hommes :
Trois millions d'hommes.

Angleterre, Belgique, Espagne, Turquie, Portugal, Hollande, Suède, Danemark :   *Un million d'hommes.*

Total 4 millions d'hommes sur les champs de bataille, *un million d'hommes en réserve ou en non-valeur.*

Total général, 5 *millions d'hommes* en Europe prêts à se couper la gorge pour la Prusse et pour l'Italie piémontaise ! ! ! Équipages des flottes : 300 mille hommes.
5,300,000 hommes.

Toutes les flottes de l'Europe armées et détruisant le plus possible le commerce du monde !

Ainsi peut s'établir le bilan très-affaibli, tout le monde peut en être juge, des hommes appelés à porter la guerre en Europe.

Quelles seront les pertes probables en matériel de terre et de mer, militaires et commerciales, industrielles et privées par l'effet de la guerre ?   *Sans limites appréciables !*

Quelles seront les pertes et les dépréciations sur les valeurs mobilières, qui constituent la partie la plus considérable aujourd'hui de la fortune publique ?

En doublant le chiffre du bilan, *avant la guerre*, que chacun peut apprécier facilement, et en le portant encore seulement à 12 milliards, on aurait :

Avant la guerre,	12 milliards.
Par la guerre,	12 milliards.
Total appréciable,	24 milliards.
Plus toutes les ruines décrites plus haut.	Mémoire ! ! !

On peut par ces quelques chiffres avoir les éléments du calcul que chacun peut faire pour se rendre compte de ce que peuvent coûter à l'Europe la Prusse et l'Italie piémontaise en hommes et en argent. Et la Prusse ni l'Italie n'ont pas leur honneur à venger !

Comme la *paix ou la guerre générale* dépendent des souverains de l'Europe, nous saurons bientôt le degré de reconnaissance que nous leur devrons, et l'Europe entière, comme chaque nation, sauront bien se rendre compte de la part de responsabilité qui reviendra à chacune des puissances qui va décider de notre sort.

§ IX.

Que l'on apprécie, par la pensée, les ruines qui suivraient une déclaration de guerre, jusqu'à la paix, et l'on pourra se rendre compte s'il est permis aux souverains de l'Europe de sacrifier ainsi leurs peuples, quand, par *leur volonté*, ils peuvent tout dominer, sinon tout concilier.

S'ils ne savent pas dominer une pareille situation, si les témérités de quelques hommes politiques ne sont pas arrêtées et combattues au besoin par les souverains si puissants, qui accusent hautement leur désir de la paix, c'est qu'ils sentent et manifestent leur impuissance. — Ils se trompent grandement, car ils sont à la tête des peuples s'ils le veulent, et ils peuvent asseoir leurs couronnes pour longtemps encore; qu'ils prouvent qu'ils sont capables de les porter : ils n'ont qu'à vouloir.

Mais, dit-on, les conférences seront arrêtées immédiatement si la Prusse déclare *qu'elle veut ou ne veut pas*, on ne sait pas précisément *quoi*, avant toute discussion.

La Prusse ne jouera pas un pareil jeu. — M. de Bismark le voulût-il, le roi ne l'y autoriserait jamais; il a trop de sagesse et trop de respect pour les usages diplomatiques pour traiter aussi cavalièrement les représentants des grandes puissances. Et d'ailleurs, le roi de Prusse, qui peut apprécier aujourd'hui le mouvement produit en Europe et même dans ses États contre la guerre, est-il bien décidé à pousser à outrance les hardiesses de son ministre? ce n'est pas probable, et sa haute raison pourrait bien, au dernier moment, l'emporter sur la trop grande confiance qu'il accorde à l'homme qui a su prendre, en peu de semaines, une célébrité néfaste par tant d'intérêts atteints par sa politique. Il n'y a donc rien à craindre d'un coup de tête et d'un manque d'égards de la part de la Prusse.

On n'en pourrait pas dire autant de l'Italie ; il est possible que devant le refus de commencer les conférences par l'abandon, en principe, de la Vénétie, ses représentants se retirent et que le télégraphe annonce à Florence qu'il faut immédiatement commencer la guerre isolément. Le jour où l'on apprendra que Garibaldi est à Florence sera le commencement des hostilités ; il est convenu que les premiers coups seront portés le jour même de son arrivée sur le continent italien. Cette affirmation est connue par le gouvernement français et par toute la diplomatie. La question pour la guerre se résume dans le départ de Garibaldi de Caprera.

L'Italie attaque l'Autriche ! Que feront les envoyés de l'Europe privés de la présence du représentant italien, s'il osait courir une pareille responsabilité ? Ils ont tous un devoir à remplir, et la France plus que toutes les autres puissances, car si son rôle de protectrice n'est pas respecté, elle serait accusée d'être complice. Toutes relations doivent être rompues entre l'Italie et toutes les puissances réunies aux conférences, — elle doit être livrée à ses aventures contre l'Autriche, et la conférence doit prendre ses résolutions même en dehors du représentant italien. Si la droiture et la virilité qui sauvent les couronnes et les peuples, se retrouve encore parmi les hommes qui dirigent la politique de notre temps, les questions doivent être résolues par ceux qui ont mission de terminer sans guerre universelle la grande crise que nous traversons, et l'exécution même des décisions prises doit être arrêtée, convenue et immédiatement déclarée ; elle doit commencer immédiatement, quelle qu'elle soit, et alors l'Italie s'apercevra qu'elle ne traîne pas les souverains à sa remorque ; l'Europe entière applaudira à l'énergie qui commande, comme il convient que les souverains sachent commander ensemble pour sauver leurs peuples qui comptent sur eux.

Mais ce ne sont probablement que de vaines menaces que les journaux nous répètent tous les jours et que des personnages élevés, qui sont dans ces folles idées, cherchent à propager sans égards pour notre gouvernement, pour sa dignité, pour la confiance qu'il doit inspirer dans sa force et dans sa bonne foi.

Le congrès, la conférence ne peut sans honte pour tous les gouvernements qui y prennent part, se terminer que par des résolutions prises sagement, énergiquement et résolûment mises à exécution.

Les peuples n'oublieront pas que la paix ou la guerre générale seront décidées par les souverains de l'Europe.

Qu'il soit donc décidé dans la conférence, par la sagesse des
souverains, ce qui est juste, ce qui est pratique, ce qui est loyal,
ce qui peut assurer la paix du monde, et que ce qui sera décidé
soit exécutoire pour les parties intéressées sous la protection
et l'action des puissances signataires des résolutions prises ;
l'Europe rassemblée par les hommes qui la représentent peut
demander des compensations ; elle ne peut pas vouloir des spoliations, elle ne peut pas demander le déshonneur des couronnes, elle peut, elle doit chercher et trouver *l'apaisement
des peuples*. Il ne se rencontrera de résistance à de sages décisions que parmi ceux qui se croient plus puissants que les
souverains auxquels ils refusent l'énergie et le caractère assez
forts pour ne faire aucune transaction avec leurs consciences
et avec leurs devoirs.

Le problème de l'avenir monarchique de l'Europe, la paix
ou la guerre universelle sont entre les mains des souverains.

P.–S. Au moment où j'écris ces dernières lignes, on annonce que la conférence n'aura pas lieu. l'Autriche craint un
piége. Elle hésite ; j'espère encore.

La faute serait immense, le mal irréparable, on doit le
craindre.

Mais si la sagesse domine ses conseils, la conduite de la
France serait toute tracée.

Qu'elle laisse les Prussiens et les Autrichiens vider, avec
leurs confédérés allemands, la querelle qui les divise.

Qu'elle laisse les Autrichiens, les Piémontais et les Italiens
vider leurs querelles.

L'Empereur a dit les prétentions de la France. Elle n'a pas
besoin d'avoir recours aux armes.

Pour les faire valoir, et pour les satisfaire, elle n'a pas à
servir les ambitions prussiennes ou italiennes, elle n'a pas à
défendre les droits de l'Autriche.

Son honneur et ses intérêts ne sont pas en jeu.

Sa neutralité fera son triomphe, sa sagesse sera le guide
des autres nations.

7 juin 1866.

APPENDICE

Les encouragements ne manquent pas aux Italiens, et l'histoire
de nos jours semble être écrite afin de servir à la politique
de notre temps pour mieux faire revivre l'ancienne splendeur
de la race latine. Dans un monument récemment élevé par
l'empereur Napoléon à la mémoire de César, on lit des phrases
qui devraient déjà avoir été contestées de la façon la plus victo-
rieuse par les hommes qui s'occupent d'histoire. Quel est le
sentiment qui a paralysé les impressions qu'ils ont dû éprouver
en présence de pareilles affirmations? Je ne veux pas le recher-
cher, et je suis convaincu que l'illustre historien de César s'éton-
nerait qu'en n'osant pas le contredire, on ne voulût voir en lui
que l'Empereur, à qui l'on craindrait de déplaire, et que les
contradictions trop fondées, apportées à ses jugements histo-
riques, ne fussent des motifs de persécution de subalternes qui
croiraient bien mériter du maître en vengeant son infaillibilité
historique, réduite à être pleinement convaincue d'erreur! —
Non, je ne croirai jamais que ces quelques lignes que je veux
citer, quoiqu'elles soient bien en dehors du sujet que je traite,
soient acceptées comme un jugement historique défendable ; et
si le silence semble devoir les suivre au moins jusqu'ici, je ne
penserai qu'à l'historien, je n'oublierai pas l'Empereur dans ces
très-courtes réflexions qui auront peut-être des développements
qui se sont jusqu'ici fait singulièrement attendre.

Dans le second volume de la *Vie de César*, l'Empereur, en
décrivant la victoire de César sur Vercingétorix, le glorieux
chef des Gaulois, à qui l'Empereur a eu le bon goût de faire

élever une statue monumentale il y a quelques mois à peine,
pour consacrer le souvenir de ses exploits en faveur de la liberté
de son pays, s'exprime ainsi sur les conséquences, suivant lui
trop heureuses, de la défaite des Gaulois :

« Aussi, tout en honorant la mémoire de Vercingétorix, il ne
» nous est pas permis de déplorer sa défaite. Admirons l'ar-
» dent et sincère amour de ce chef gaulois pour l'indépendance
» de son pays, mais n'oublions pas que c'est au triomphe des
» armées romaines qu'est due notre civilisation ; institutions,
» mœurs, langage, tout nous vient de la conquête. *Aussi*
» *sommes-nous bien plus les fils des vainqueurs que ceux*
» *des vaincus*, car, pendant de longues années, les premiers
» ont été nos maîtres pour tout ce qui élève l'âme et embellit
» la vie, et, lorsque enfin l'invasion des barbares vint renver-
» ser l'ancien édifice romain, elle ne put pas en détruire les
» bases. Ces hordes sauvages ne firent que ravager le terri-
» toire, sans pouvoir anéantir les principes de droit, de justice,
» de liberté, qui, profondément enracinés, survécurent par leur
» propre vitalité, comme ces moissons qui, courbées momen-
» tanément sous les pas des soldats, se relèvent bientôt d'elles-
» mêmes et reprennent une nouvelle vie. *Sur ce terrain ainsi*
» *préparé par la civilisation romaine, l'idée chrétienne put*
» *facilement s'implanter et régénérer le monde.* »

LES INSTITUTIONS ET LES MOEURS !!!

« Sénèque nous révèle l'arrogance des maîtres et les misères
des esclaves, moins bien traités que les bêtes de somme.
» Q. Flaminius, sénateur, fit mettre à mort un de ses esclaves
sans autre motif que de procurer un spectacle nouveau à un
de ses courtisans qui n'avait jamais vu tuer un homme. Pollion,
ami d'Auguste, entretenait dans ses viviers des murènes d'une
énorme grosseur, auxquelles il faisait jeter des esclaves
pour pâture ; tel était le droit du maître sur ses esclaves. Tandis que le maître est mollement étendu pour son souper au
milieu de ses amis, surchargeant avec avidité son estomac

blasé, la foule de ses esclaves l'environne. L'un..... l'autre.....
un troisième verse le vin ; il est paré comme une femme. L'âge
veut en vain..... Condamné à veiller la nuit entière, il faut
qu'il se partage entre l'ivrognerie et l'impudicité de son maître :
In cubiculo vir, in convivio puer est.

» Malheur à ces êtres méprisés s'il leur échappe un mot, un
mouvement des lèvres ! Le fouet étouffe tout murmure et n'é-
pargne pas même une toux involontaire, un éternument, un
hoquet ; le bruit le plus léger, car ce sont autant de crimes que
les coups doivent punir.

» Toute la nuit se passe pour les esclaves au milieu des
veilles ; ils sont là, debout, à jeun, dans le silence et l'impassi-
bilité ; la moindre plainte serait châtiée cruellement. »

(TROPLONG.)

Les mœurs ! mais rien n'a jamais été imaginé qui puisse
approcher des inventions atroces des *Romains;* et jusque sur
leurs monuments ils affichaient l'excès de leurs infâmes cor-
ruptions. Les peintures et les sculptures, en Italie, à Rome, à
Pompéi, partout enfin, témoignent de l'infamie de nos préten-
dus pères, et l'histoire est pleine de récits que ma plume ne
saurait décrire.

Gibbon, le célèbre historien anglais, dit : « Des quinze premiers Césars, Claude est le seul dont les amours n'aient pas
fait rougir la nature. — Et Claude était le stupide mari de
Messaline, dont le règne fut souillé de tous les crimes ! »

« L'empereur Caligula, fils de Germanicus, vint passer deux
ans dans la Gaule ; il resta plusieurs mois à Lyon, spoliant les
Romains et les Gaulois, et donnant des fêtes.

» Suétone raconte que, jouant aux dés, et n'ayant plus d'argent, il demanda les rôles du recensement de la Gaule, et qu'il
ordonna la mort des plus riches Gaulois.

« *Vous vous donnez beaucoup de peine pour gagner quel-*
» *ques drachmes*, dit-il à ceux qui l'entouraient, *et moi, d'un*
» *seul coup, je viens d'en gagner cent cinquante millions.* »

» Déguisé en Jupiter, il rendit des oracles dans le Forum de
Lyon. »

Voilà ce qui vient avec la conquête dans les Gaules ; mais
ce n'est pas le lieu de s'étendre sur ce sujet si digne d'être
traité.

Non, nous ne sommes pas *les descendants des vainqueurs* conduits par César, non, nous ne descendons pas *des Latins*. Non, les Normands, les Bourguignons, les Bretons, aucun peuple ancien des Gaules, ne descendent des Romains conquérants ; ils ne porteront jamais la complaisance, pour les historiens de nos jours, jusqu'à abandonner leur race française, franco-gauloise, pour adopter faussement qu'ils descendent d'une race qui n'a jamais été que campée dans les Gaules et qui n'était composée que de quelques hommes libres à Rome, et d'esclaves partout ailleurs qui leur étaient soumis. Nous ne descendons pas de ces légionnaires qui foulèrent si longtemps les champs de nos pères asservis ; nous ne descendons pas des persécuteurs qui couvrirent notre patrie du sang des martyrs chrétiens, pendant les quatre premiers siècles de l'ère chrétienne qui suivirent l'introduction du christianisme dans les Gaules ; mais nous descendons des anciens peuples des Gaules et des Francs, dont l'un des rois, Clovis, en embrassant la religion chrétienne lors de l'expulsion des Romains, apporta un développement constaté jusqu'ici par tous les historiens, à la véritable civilisation par le christianisme si odieusement persécuté par les Romains.

Vers l'an 800, trois cents ans après Clovis, l'empereur Charlemagne établit réellement la grande civilisation chrétienne chez les peuples gaulois dont il était le glorieux souverain et la prétendue civilisation romaine n'a rien à voir dans les progrès de notre histoire.

Les Gaules furent envahies par les Romains en 59 avant Jésus-Christ, ils en furent définitivement expulsés en 496.

L'Angleterre fut envahie également en 59 avant Jésus-Christ par les Romains, qui furent expulsés par les Bretons vers 411 après Jésus-Christ.

Les Saxons vinrent en Angleterre vers 450.

Pourquoi les Français seraient-ils d'origine latine ?

Pourquoi les Anglais n'auraient-ils pas la même origine ?

Pourquoi seraient-ils des Anglo-Saxons ?

Pourquoi serions-nous des Latins ?

Si cette erreur historique n'est même pas tentée, c'est qu'en Angleterre l'esprit national se révolte contre des prétentions fussent-elles même ridicules, quand sa nationalité est en jeu.

Les Anglais portent le nom de leur race, fondue avec la race saxonne pour faire une même nation, les Anglo-Saxons.

La France ne peut pas accepter l'unification de son origine avec des légionnaires esclaves de Rome, campés en vainqueurs sur son territoire, mais elle revendique pour ses enfants l'unité faite entre les Francs, à l'état de nation, venant se confondre dans un même peuple avec les peuples des Gaules pour fonder la grande nation GALLO-FRANQUE, c'est-à-dire la NATION FRAN-ÇAISE dont le nom glorieux de LA FRANCE constate et consacre l'unité depuis quatorze cents ans.

Les entraînements chevaleresques si faciles à produire en France me font attacher une importance extrême à cette question dont il faut signaler la donnée fausse et dangereuse, car elle ne tendrait à rien moins qu'à replacer au premier rang et avant nous, une race dont on veut nous faire descendre. La presse nous présente en effet tous les jours, comme un devoir, un intérêt et un honneur des souvenirs qui, n'étant pas la vérité, doivent être repoussés par nous avec la plus grande énergie.

Qu'il y ait en France quelques rares familles, même parmi les plus illustres, qui soient d'origine latine, personne ne peut le contester, il en est même qui, après avoir occupé un rang élevé en Italie, sont venues ajouter un grand éclat à leur renommée déjà ancienne; mais ce sont de si rares exceptions que jamais la France, fière à bon droit de quelques glorieuses adoptions, ne consentirait cependant à absorber l'origine de ses aïeux dans des origines étrangères, quelles qu'elles soient.

IMPRIMERIE L. TOINON ET Cⁱᵉ, A SAINT-GERMAIN